Miso Jeon

시인 전미소

동사무소에 가면 누구나 한평생이 보인다

전미소 시집

동사무소에 가면 누구나 한평생이 보인다

시학
Poetics

■ 시인의 말

부모에게 가장 견디기 힘든 일은 자식이 다치거나 아팠을 때리라.

여섯 살 때 낭떠러지에서 떨어져 대형 군용수건이 다 젖도록 피를 흘렸었고 중3 때 부모님 걱정하실까 참다 맹장염을 터뜨려 복막염 수술을 했다. 그렇게 부모님을 아프게 했다. 십여 년 전 아이들 셋을 데리고 간 긴 유학생활의 어설픈 삶은 이 모양 저 모양으로 나를 담금질해 댔다. 일하느라 힘든 것보다 내 혀보다 더 짧은 영어 때문에 손과 발은 더 바쁘고 고달팠다.

먼 외국에서 남편과 주고받은 메일이 수천 통은 족히 되리라. 그 주고받은 편지 속에는 눈물이 젖어 있고 객지에서의 억울함이 묻어 있고 커 가는 아이들이 주는 기쁨이 녹아 있었다. 숨차게 달려온 시간들을 활자화시킨 이 시집은 미소가 미소에게 보내는 편지리라. 또한 돌아가신 부모님과 나의 가정에서 지지고 볶는 삶의 이야기가 부끄러운 줄 모르고 얼굴을 내밀었다.

아름다운 언어의 시를 쓰지 못했다. 본의 아니게 나의 삶을 적은 자서전적 시집이 되어 버렸다. 웃음, 눈물, 후회, 반성이 적혀 있다. 흰 종이만 보면 의사한테 상처를 치료 받는 환자처럼 내 벌건 환부를 내 보였다.

사랑만 주다 가신 부모님, 이 시집을 보고 살아계셨다면 여간 기뻐하셨으리라. 늘 나를 격려해 준 남편 최정길 교수에게 감사와

존경의 말을 꼭 전하고 싶다. 평강, 의지, 기쁨이의 눈동자들이 나를 얼마나 행복하게 만드는지도 아이들에게 말하고 싶다.

부족한 나에게 용기를 준 형제들과 선생님들께 감사한 마음뿐이다.

날마다 숨 쉬는 순간마다 여호와 하나님의 은혜가 아닌 것이 없다. 나의 삶을 주관하시고 눈동자 같이 지켜 주시는 살아계신 하나님께 이 책을 올려드린다.

2014년 2월

전미소

차 례

제1부

제2부

제3부

제4부

제5부

제1부

정부미 한 가마, 연탄 백 장

주문한 쌀 한 포대 배달돼 오니
쌀통이 배불러 큰북을 치네

살 아리게 춥던 겨울의 가난
아버지 밀린 품삯 겨우 받아
큰맘 먹고 정부미 한 가마 연탄 백 장 들여오니
앞집 배불뚝이 사장 하나도 부럽지 않네

아버지 오늘따라 목소리에 힘줄 튕기고
유난히 상냥해진 엄마 목소리
아버지 말씀에 맞장구치며 들떠 있네

연탄불에 금방 지어 낸 흰쌀밥에
여덟 식구 볼때기 미어지니
아버지 얼굴에 복사꽃 활짝 피네

퉁퉁, 퉁 타령

1

눈 뜨고 기절한 둘째 난산 때도
아이 건강한 걸로 그 고생 퉁치고

시한폭탄 고3 둘째딸 유세에
'대학시험만 끝나면 어디 두고 보자' 별렀더니
시험 날 선 채로 받은 큰절 한번으로
괘씸덩어리 퉁 또 퉁쳤네

2

살이 벌벌 떨리게 시어머니께 받은 상처
풀기가 없어지실 때쯤 힘없이 뱉으신 한마디
"어미도 이제 건강도 좀 챙기고 살아라"는 그 말씀
아픈 기억 모두 눈 녹아 흐르는 눈물로 퉁치고

3

코드 안 맞아 지지고 볶는 찐한 부부 싸움 끝에
도장만이 해결책이다 퉁!

맥없이 파다 놓은 수북이 쌓여 있는 목도장들
퉁퉁퉁 튀어 오른다

먼 길 추운 세상 같이 걸어온 키 줄은 남편
이젠 안쓰럽고 고마워
케케묵은 섭섭 보따리 죄다 긁어
퉁퉁퉁 퉁치고 있네

동사무소에 가면 누구나 한평생이 보인다

1

부모님 눈 맞춤에
깃털처럼 가볍게
출생신고 했더니

어미 사망신고 달려와 내 손으로 했으니
나 죽으면 내 자식도
동사무소 와서 사망신고 하겠지

다 그렇게 주고받는 것
태어나고 죽는 거
제 맘대로 못하고
남의 손을 빌리는 거지

2

태어났다고 내가 걸어가
출생신고 하나 할 수 있나
아니면 나 죽어

나 죽었다고 느린 걸음으로 가서
내 손으로 사망신고를 할 수 있나

그저 부끄럽게 한세상 살다가
남의 손 빌려
미안하게 살다가 가는 것을

친절한 아저씨

1

부모님 그 옛날 상경하실 때 보따리 보따리를 자식들처럼 이고 지고 오셨다지 서울역에 내리자마자 양복 입은 친절한 서울 신사가 다가왔다지 어머니 짐 무거워 보인다고 가장 크고 좋은 가방을 뻘꺽 들어 줬다지 물론 그 가방에는 시골 생활 정리한 종잣돈이 깊숙이 감춰져 있었다는데 그런데 그 친절했던 아저씨 아저씨는 가방을 들고 어딘가로 튀었고 돈 한 푼 없이 시작된 부모님 서울 생활이었다네 그 돈은 부모님 꿈이고 우리들 밥이고 쪽방 한 칸 얻을 생명줄이었는데

2

남편 월급 통장에 따박따박 찍혀도
아이 셋 데리고 힘들다고
입을 뚜대하고 사는데

어떻게 헤쳐 나오셨을까
그 가시덤불 인생을

어떻게 더듬어 헤쳐 나왔을까
그 칠흑 세상의 밤을

포도 젊은 엄마

1

마음 여린 젊은 어머니
막내 여동생 들쳐 업고 개똥이 엄마 따라
그때 평생 처음 포도 행상 길 나섰다지

부잣집 주인만큼 무섭게 생긴 개새끼가
밥값 하겠다고 달겨드는 통에
포도는 짓뭉개졌고 넘어져 무릎뼈만 깨지셨다지
동생은 악악 울고 땀만 비 오듯 하셨다는데

2

종일 지친 해가 초저녁 졸음에 시달릴 때쯤
우리 남매들 밥그릇엔 겁에 질린
포도 알갱이들만 송알송알 땀방울처럼 들어차 있었고

아주 젊은 엄마의 그 시절
요즘 미시족 나대는 내 나이셨다는데

하얀 거짓말

어릴 때 불주사 하나도 안 아프다는
호랑이 양호 선생님 말씀에 속았고
풋사랑 우리 영원히 가자던 청춘의 날들에 속고

고생 안 시키고 손에 물 한 방울
안 묻히게 해 주겠다는 결혼 전 남편 말에 속고
아들 성적표 나온 날
공부 열심히 하겠다는 그 말에 알면서 또 속는다

손바닥 그늘 한 자락 없는 오뉴월 땡볕 인생길
소나기 한 번 없이 걸어가는 길에
조금 더 참고 기다려 보라!
는 남편 말에 다시 속아 주고

살다 보면 쨍! 하고 해 뜰 날 있다는
아이들 유행가에 짐짓 또 한 번 속는다

명동통닭과 아버지

목수 아버지는 삶의 짐만큼이나
무거운 연장가방을
날마다 어깨에 짊어지고 다니셨지

어느 황혼 무렵 집으로 가는 행길에서
앞에서 걷던 아버지의 처진 뒷모습을 보았네
반가운 마음에 아버지! 하고 부르려던 찰나

품삯 못 받은 빈손
집으로 가시던 아버지 뒤에
보너스를 탔는지
기름 밴 명동통닭 누런 봉투를 들고
가벼운 걸음으로 앞서 가던 어떤 양복 입은 아저씨

꽃샘추위 채 가시지 않은 그 밤길
황소걸음 우리 아버지
통닭보다 한 발도 앞서 걷지 않으셨네

소금

— 중국산 소금에 한 해 김장 망친 곡소리 들린다

안면도 여행길
소금 한 가마니 차에 싣고 오는데

장애인 주인아저씨
소금도 삼 년은 지나야 진짜가 된다고

그 흔한 소금도 삼 년이면 간수가 빠져
맛있는 소금이 된다고 하는데

어찌된 일인지 반백 년을 살아도 나는
아직도 칼큼한 소금 맛을 못 내고 있으니
얼마나 더 두어야 간수 빠진 진짜 소금이 되려나

Sweetheart

난산으로 얻은 둘째딸 고3 여고생
안쓰러워 분유 대신 젖을 먹이던 그때
뜨끈한 미역국 그릇째 훌훌 마시니
젖이 도는지 찌릿찌릿하더니

백일 지난 둘째딸 배고프고 졸리는지
젖 달라 숨넘어가게 울어 젖히고 짧은 다리 쭉쭉 뻗는데
손 씻고 와 젖 물릴 준비하랴 맘만 급하고
어미젖 빨리빨리 아가 왕 보채고
흰 젖줄기 박자 못 맞춰 아기 얼굴에 쏘아 대더니

힘차게 빠느라 아가는 사레들려 콜록콜록
눈 맞추며 꿀떡꿀떡 젖 넘어가는 시냇물 소리
콧잔등에 수정 이슬 땀방울 가득 맺히니
어느새 만족한 큰 뱃구레

꿈나라 날갯짓 덜 감긴 아가 눈자위에는

새끼 초승달 하얗게 떠오르고
입가엔 젖침이 흘러내렸지
쌕쌕 코골이 어미 귓가에 나비잠 꽃노래로 들리면
잠든 아가 손가락 발가락을 세고 또 세어 보았지

둥두둥두둥 둘째공주 문자
'엄마 어디얌? ^-^ 나 십 분 있으면 수업 끝나삼
~~데리러 올 수 있엉?'

추석날

어머니
눈물 찍어 내시고

다들 사는 이야기꽃을 피우는데
결론은
다 내가 참지,
참고 산다는 것뿐

쫑쫑쫑 노랑 병아리

유치원 차 아파트로 들어선다
엄마 할머니가 아이들을 데리고
놀이터로 집으로 흩어져 간다

어디선가 들려오는 엄마! 엄마! 소리
어미란 이름의 그녀들은 너 나 할 것 없이
하늘로 땅으로 두리번두리번 거린다

험하게 돌아가는 이 세상에서 누가 그녀들을 몰아붙였는지
어느 남정네의 유혹이 그녀 눈을 멀게 했는지
거미줄 치는 목구녕 가난이 그녀를 뛰쳐나가게 만들었는지

싹둑, 옷고름 자르고 집 나선 그녀도
"엄마!" 부르는 환청에
얼마나 굽이굽이 뒤돌아보았을까

제2부

엄마의 향기
— 냉장고 문을 열고 왜 열었는지 기억이 안나

멍하게 서 있다 다시 여닫는 증상
건망증인가?

세상 바삐 돌아 엊그제 일도
생각이 가물가물한데

신기하게도
바람에 눈을 맞으면
달빛 고물로 버무린
아카시아 꽃 흐드러지던 날 밤
아버지 마중하실 때

엄마 등 뒤에서 훅 끼쳐 오던 엄마의 향기
숨소리까지
오늘은 너무 생생해

발표된 슬픔

오늘은 엄마 보고 싶어
떼쓰는 아이처럼
꽃분홍 눈깔사탕도 싫고
왔다껌도 다 싫으이

어젯밤
꿈에 오신 우리 엄마
너무 그립고 안타까워

어머니 손등을 가만히
쓰다듬어 보았네
조용히 내 뺨을 타 내리는
어머니 눈망울을 어루만져 보았네

외할머니 그 이름은 신 이쁜이

— 처음 교복 입는 중학생 막내아들이 이름표 달아 달라고 보채는데 서툰 어미 바느질 솜씨에 떨떠름해하는 아들의 얼굴

어렸을 때
외할머니는 딸네 집 오시면
구멍 난 양말과 헤진 팔꿈치에
촉 나간 30촉 알전구 끼워 넣고
호박같이 탐스런 쪽진 머리에
조심스레 바늘 끝을 벼려 가며
감쪽같이 기워 내곤 하셨지

너무 예뻐서 사람들은 신 이쁜이라 부르셨다는 그분
본명은 신분이 씨
혹시 우리들 모르는 할머니의 남몰래 사랑은 없었을까?
일찍 혼자되신 외할머니는 긴긴날들을
한 땀 한 땀 외로움으로 깁고 있었을까
한 올 한 올 그리움을 해 노을로 기워 가고 있었을까

어느 늙은 노새의 하루

신호등에서 눈이 마주쳤다 박스 줍는 할머니
집에서 텔레비전 보고 손주 재롱이나 보시지
늦은 이 밤까지 사서 고생이냐는 말에
"나 혼자 사는디" 한다

인생사 새옹지마
늙으면 몸이 짐이 되는데
그에게 꽃다운 시절은 없었을까

칼 안 든 강도 사업병 걸려
못할 모진 소리에 힘없이 뱉어 준
이승에서 쥔 마지막 한마디
— 돈 벌어 효도하겠다던 자식 넘 되고 웬수 같은 영감탱이 복 많아 먼저 앞서고 목구녕이 포도청인데 별 재간 있간디? —

손에 쥐어 준 순댓국밥 한 그릇
염치없다고 더듬거리는 가랑잎 입술

네 이놈, 화무십일홍이라니

학교 앞에서 둘째딸 기다리고 서 있는데
슈퍼 할아버지 엄지로 콧구멍 하나 막더니
팽! 시원스레 코를 푼다

코 하나 푸는 것도 손 가는데
손 안 대고 코 풀 궁리하며
얼마나 많은 밤을 뒤척여 왔나

발 빠른 사람들
땅이다 아파트다 주식이다
인생 한 방이다 외칠 때
황새 뒤꽁무니에서 뱁새 걸음으로
쫓아가기도 버거웠지, 나는

세상살이 따지고 보면
일장춘몽이요 화무십일홍이라더니
이제 나의 해도 중천을 넘고 있으니
쉬엄쉬엄 서쪽으로 거북이걸음 걷다 보면
너도 나도 저무는 석류알 석양 길 만나겠지

저승 낙찰계 타는 날

아주 가까운 누군가의 열결식에 다녀오는 길이라는
동생 전화
요즘은 백 리까지도 잘들 걸어 가더만 그분은!
칠십 리도 못가고 일찍 가셨다고 안타까워한다

이 말 저 말 끝에 뜬금없이
'언니는 우리 육남매 중에서 몇 번째로 죽고 싶어'
묻는다
순간 웃음이 터져 웃긴 했지만 내내 잠 못 이루게 되
더군

일등으로 죽으면 내가 넷째인데 너무 손해 보는 것
같고
꼴등으로 죽으면 형제들 몫까지 죄다 긁어모아 살면서
불평 불만투성이일 것만 같아
벽에 떵칠이라도 하면 확 깰 것 같기에
그래서 중간쯤 죽는 게 그중 낫겠다 대답을 마련했네

— 세상 내 맘대로 할 수 있는 게 어딨고
인생에 정답이 어찌 있겠나 —
그저 새끼들하고 수젓가락 부딪혀 가며
살구배 볼똑 나오게 밥 먹고 지지고 볶고 살다가
나도 모르게 가는 거지
그렇게 다 잊어버리고 세월 곗돈 따박따박 붓다 보면
언젠가 나도 저승 낙찰계 타는 그런 날이 오겠지

사우디 바람과 춤바람

— 그만 손가락을 데고 말았네, 식구들 입맛 잃고 기운
　딸려 하기에 오랜만에 다들 좋아하는 새우튀김 만들다가

아버지는 사우디에 돈 벌러 가시고
엄마는 아빠 고생하신다고 하루를 안 쉬고
식당에 일하러 가셨지
초등학교 4학년 때

어느 날 오후
언니와 나는 연탄불을 갈겠다고
펄펄 끓는 큰솥을 들다가
그만 비틀 그 뜨거운 물이 내 발 위로 쏟아졌지
놀란 아이의 비명 소리에 옆집 할머니 달려와
양말을 벗기고 소주를 부어 댔지
연락받고 헐레벌떡 죽어라 달려온 엄마는
나의 발목을 붙잡고 주저앉아
하염없이 울고 또 우셨지

정성을 다한 엄마의 기도와 치료로
지금은 3도 화상의 흔적도 흐려졌고

그날 울음으로 당신 탓을 대신했던
지친 그 어깨의 슬픈 들썩임이
어린 나의 마음에 화인으로 찍혀 있네
국화 향기 슬프도록 아름다운 이 밤
엄마의 가녀린 그 어깨를 가만히 안아 드리고 싶네

베르사이유 레스토랑, 장미꽃 만발한

늦은 점심을 먹었더니
또 저녁을 먹자니 좀 그렇고
안 먹자니 뭔가 허전하다 때마침 남편이
멸치국수 한 그릇 말아 먹었으면 하네
그 큰살림도 혼자 척척 했는데 이젠 한밤에
국수 한 그릇 끓이는 일도 꾀가 나네

대학로길 베르사이유의 장미 레스토랑
남편과 내가 어색하게 처음 선봤던 그곳
이십여 년이 지난 그 자리엔
피식 웃을 추억이 식은 찻잔으로 남아 있을 뿐

늦은 밤 삼천 원짜리
멸치국수 한 그릇씩 훌훌 먹고
대학로 걸으며 남편을 무심코 쳐다보니
그때 첫인상 별루였던 세상 무서운 줄 모르던
그 총각은 어디 간데없고

무거운 보따리 보따리 잔뜩 끌고 가는
딸랑딸랑 지친 누렁소 한 마리
소리 없이 걷고만 있었네

공소시효 만료 전날 밤

1

이 한밤 또렷이 기억난다
초등학교 2학년 때
가난한 산동네 아이들과
부잣집 아이들이 엉겨 뛰놀며 다람쥐처럼 학교 다니던 때

눈 밑에 사마귀점 하나 있던 친구 미자
쉬쉬 소문이 돌았다, 걔네 언니 양공주라고
어느 날 쉬는 시간에
무슨 일이 있었는지 미자가 흐느끼고 있었다
"그래! 우리 언니 양공주야!"
미자가 갸름한 얼굴을 어린 깻잎 닮은
작은 손으로 아프게 눈물을 닦아 대고 있었지

2

사십 년 가까이 지난 지금
하루가 피곤해 누워서 눈 감고 천장을 쳐다보고 있는데

왜 뜬금없이 미자의
아린 눈물이 떠오르는 것일까

그날 이후 우리 모두가 가해자였다는 것을
하늘이 아시는지 모르시는지
오늘밤엔 내가 죗값 치르나 보다
베개만 보면 코 드르렁 잠들던 내가
잠 못 이루고 가마솥 뚜껑 부침개 뒤집듯
자꾸 몸을 뒤척이고 있는 것을 보니

그리운 이별

서울역 지하철 구석진 자리
파리 떼가 새까맣게 꼬인 신문지 들춰 보니
이 세상 떠난 지 수일 노숙자 한 분 눈 감고 있다

한평생 술에 쩔었는가
말 못할 외로움에 떨었는가
그리움에 혼자 가슴을 찢겼는가
다리에 두 손 끼워 넣고 웅크린 채 떠나갔네
이 추운 세상을 더 춥게

민들레 홀씨 고요히 떠다니던 날
풀 먹인 이불 호청 눈부시게 슬프던 그때
짝사랑하던 동네 누이가 내어준 시금자죽
까만 깨 낀 입으로 함께 웃던 그녀에게
오늘마저도 그대는 그리움의 불사신이었으리니

그대 저세상 가서 그저
외롭게 살다 왔다 하지 마소

아직도 그대는 한 떨기 그리움이 피워 낸
이승 절망의 꽃이리니

세상의 상전들에 관하여

1. 집에 가면

아들 상전
딸 상전
밤에는
남편 상전 모시고 산다

나중엔
보자 보자 하니까
개새끼까지도 상전 노릇 하려 한다

2. 비록 지금은 내가

하인으로 전락해 있지만
원래는 나도 왕, 상전이었는데

살아생전 부모님께
오늘의 상전들한테 쏟은 정성

반의반만 했어도
광화문 네거리에
내 효자문 열 개는 서고도 남았을 텐데

급성 인후염을 앓는 봄밤

열이 많이 나니까
물을 많이 마시라 하네
입안이 깔끄럽네

아홉 살 때
아버지 교통사고를 당해서
두어 달 병원 신세를 지셨지
이웃들이 인사차 사 들고 오던
깐 포도 통조림, 복숭아 넥타가
아버지 머리맡에 수북했는데

이상하게도 그 맛있는 것들을
한 숟가락만 드시고는 입 깔끄럽다고
우리에게 건네셨지
기다렸다는 듯이 우리들은
그 달고 시원한 깐 포도 간스메를
목구멍으로 술술 넘겼고
아버지는 우리가 먹는 모습을

물끄러미 바라보고만 계셨지

자식 사랑 기억만 남은 예쁜 치매
아버지가 입이 깔끄럽지 않았다는 걸
자식 낳고 사는 지금에서야 겨우 알았네

꺄꺄, 삑사리 달인

— 지금도 그때가 생각날 때마다 이불 속에 머리를 처박고 꺄꺄! 소리를 지른다

1. 초등 1학년 운동회 연습 날

언니에게 물려받은 낡은 체육복 고무줄이 끊어져
흘러내리는 줄 모르고 하나 둘! 하나 둘! 걷고 있는데
운동장에 모인 전교생이 키득키득 웃는 소리가 들려왔지
바지가 흘러내린 줄 모르던 나에게 선생님이 급히 달려와
바지를 추켜올려 주었지

2. 스무 살 때는

풋사랑에 괴로워하던 나를
친구들은 대학로에서 위로주를 샀지
깜깜한 밤하늘 보고 바보! 바보! 고래고래 소리치며
덜 익은 사랑을 한숨으로 허공에 날려 버렸지

3. 오늘도 삶의 수레바퀴 돕니 삐거덕거려

내 마음 몰라 주는 남편 앞에서 마스카라 번져
흘러내리는 줄 모르고 철없는 아이처럼 엉엉 울기도
하지

말 달려오는 나의 숨 가쁜 흑백 시간들
그러나 아직도 내 인생은

삑사리 속 현재 진행형

천사의 출장

서로 닮은 엄마와 장애아들
바삐 어디론가 가고 있다

아들이 엄마에게 무언가를 말하니
엄마와 아들이 초롱별빛 눈 마주 보며
입을 크게 벌리고 환히 웃는다

웃음 잃어 가는 전염병에 걸린 오늘 우리들
인간을 만드신 하나님께서
이대론 안 되겠다 싶었는가

다시 새로 웃음 짓는 법을 가르치시려
천사 둘 지구에 파견해 주신 건가

제3부

경로석

다리 부러진 건 아닐 테고

나이 거꾸로 속이고 다니질 말던가
경로석에서 노인네 노릇 하지 말지

내일 눈감아도 호상일
당신 어미 그림자 앞에서도
나이 올려 속이고 그렇게 죽치고 앉아 있고 싶더냐

줄을 서시오 줄을!

나랑 결혼하려고 남자들이 줄을 섰었다는 여자와
나랑 결혼하려고 여자들이 줄을 섰었다는 남자가
결혼을 했네

아이들 예방주사 줄 서서 맞히고
입학식 날 아이들 줄 세우고
엄마 스웨터 몰래 꺼내 입고 미성년자 관람 불가 줄 서서 보고

계란 한 판 천 원 반짝 세일에 냅다 뛰어가 줄 서고
출근 시간 우리 집 목욕탕 지각한다고 당장 빨리 나오라고 줄 서고
아침에 드라이기 앞에 줄서서 10초만 말리자고 쌩난리다

버스 줄 서서 타고
병원비 줄 서서 내고
그러다 보면

화장장 누운 채 줄 서서 기다리고
또 줄 서서 유골함 받아 가겠지
내 자식들도

어느 해커의 참회록

10년 넘게 사용했던 이메일을 해킹당했네
수많은 편지와 사진들이 순식간에 온데간데없어졌다
속상해 일주일 넘게 숨부통 앓는 총각
처럼 낑낑거렸고
절대 용서 못한다!고 죄 없는 컴퓨터만 주먹으로 내리쳤다

사실 나도 언젠가는 누군가에게 해커였으리라
한번쯤 해커인 나를 용서 못한다고
울부짖고 몸부림친 사랑이 있었겠지
허락도 없이 그의 마음속을 해킹했고
그의 첫사랑 추억 파일을 마비시켰지

해커는 중범죄
컴퓨터 없이 누군가를 해킹할 수 있는 우리는 고난도 해커들이다
내가 자식이었을 때 수시로
부모님 마음속을 해킹해 시린 가슴에 대못 치고 헤

집어 놓았었지

내가 부모 된 지금

다시 새 메일 만들어 놓으면 수시로 마음에 해킹해
들어오는

자식들한테 내가 무슨 말을 할 수 있겠나

자식과 부모, 연인 사이, 너와 나, 우리 모두

수갑 안 찬 범죄자 해커다

우주의 소리 없는 미아다

이민 간 김밥

— 남편 미국 유학할 때 달러 몇 푼 벌어 반찬값에 보태
볼 생각에
알바를 했지 한국 식당에서
불법으로

어느 날 말아 놓은 김밥이
지저분한 주방 바닥에 덩어리째 떨어졌지

무당 눈빛 예사롭지 않은
전라도 주방 아줌마
김밥을 주워 썰고선
맛나게 한 개 자시더니
"자! 이제 내가 먹어 허물없으니까
먹어 봐! 암시랑 안 혀!" 했지

이민 생활에 닳고 닳은 주인아줌마 눈치 보며
참기름 번드르르한 김밥 한 줄
먹고 싶어도 못 먹었는데 버림받은 김밥 덕분에
그날 주방 아줌마랑 임신 5개월인 나는
평생 못 잊을 그 맛난 김밥을 킬킬거리며
게 눈 감추듯 해치워 버렸지

쓸개 빠진 년의 한 독백

심장도
간도
쓸개도 다 없어졌구나

양잿물보다 독한 그리움에
다 녹아내렸나 보다

그림자로도 널
네 정신의 흰 뼈다귀를 볼 수 없으니

흰머리 독수리

그때 나는 그저 만남이라 했고
그때 그는 우린 사랑이라 했지

아침에 화장대 앞에서
젖은 머리 말리다가 깜짝 놀랐네
흰머리 독수리가 따로 없었네

출근하는 남편에게 불똥이 튀어
내 흰머리는 날마다 고생시켜 생긴 탓이라 했네

남편의 머리는 이미 반백인데도
철없는 아내의 흰머리 투정에
다만 '새치', '새치' 라 하네
흰머리가 아니라 하네

구부러진 내 마음 다독이고 돌아서는
남편 뒤꼭지가 오늘따라
유난히 안쓰러워 보이는 건 왜일까

따뜻한 슬픔

— 철거당하기 전 우리 집은 열댓 개의 계단에 그늘을 드리우는 아카시아 나무 몇 그루 서 있었지

일거리 알아보러 갔다가 꽝치고 온
앞집 아저씨
뒷집 늙은 총각하고 눈 맞아 도망친 마누라 잡겠다고
찾아 나섰다 김빠져 돌아온 친구 아빠
참기름 냄새 코를 찌르던 떡장수 할머니 모두
우리 집 앞 계단에 앉아 숨을 돌리곤 했지

사람 좋아하는 엄마가
그 계단에 앉은 사람도 손님이라고
수박걸이에 얼음을 사다가
칼등으로 얼음을 깨서 시원한 누룽지 미숫가루를
만들어 한 국자씩 돌리곤 했지

몇 대접 만들어 돌려가며 마시던
누룽지 미숫가루
그 속엔 땀방울과 침만 섞여 있는 것이 아니고
그들의 지친 마음을 다독거려 주는
엄마의 따뜻한 슬픔이 섞여 있지 않았을까

청동 여인상

휘몰아치는 삶의 눈보라 속에서
누군가 건네준 따뜻한 보리차 한 잔이
위로가 되고 희망을 본 적이 있었지

오늘 다시
세상이 춥고 사람들 시선이 따갑다고
눈물 글썽이는 친구 앞에서 나는

보리차 한 잔도
한 끼 밥도 되지 못한 채
청동거울로 말없이 굳어 있다

못 말리는 공 여사

늘 입에 달고 살던 그 꽃 타령
내가 아홉이고 당신은 하나여
이 집안에 오른팔은 나여! 나라고
잇을 만하면 떠벌이던 공치사
두꺼운 얼굴을 닦고 또 닦아 댔지, 공 여사

깨어진 화분에 손바닥을 십여 바늘 꿰매 놔
왼손 하나 병신 되고 보니

그 잘난 오른팔이 하나고
그림자같이 붙어 다니던 왼손이 아홉이란 걸
쓴맛을 봐야 알아차리니

어쨔 쓰까 잉!

내 삶의 도배장이

얇은 바람벽,
뻥 뚫린 새가슴,
황소바람 말을 달려가는 겨울밤
신문지 풀 발라 겹겹이 바른다

오 척도 안 되는 짧은 어머니
삐걱삐걱 세상 걸어온 낡은 짐수레 끌고
오늘도 몸에서 시린 바람 불어온다

긴 밤 모두 환하게 웃고
있는 가족사진 앞에 앉아 신신파스
한 보따리 풀어 놓는다, 어머니
오늘은 스스로 낡은 몸에 도배를 하신다

고백, 칼 장수

말 한마디로 시작된 부부 싸움
어떡하면 더 날카로운 창칼로
골라서 급소 찌를까 궁리한다

서로 잘못 만난 탓, 시력 얘기하며
그때는 눈이 삐었었다나?
부부 싸움은 학벌도, 나이도,
훌쩍 뛰어넘는 5차원 전쟁
수준은 딱 초등학교 1학년 못 벗어나네

수백 번도 칼로 물 가른 세월
아직도 뭔가 계산이 안 끝났는지
돋보기안경 너머로 서로를 노려보며
네 탓, 내 탓 떠밀고 있네

목 잘린 시

1

책꽂이에 '수학의 정석' 은 가득 있는데 내 인생의 정석은 어디에 있을까

2

내가 양팔 벌리고 숲에 서 있다면
어느 눈먼 새가 내 처진 어깨에 둥지를 틀어 줄까

3

차창 밖으로 빨간 담뱃불 슬쩍 버리는 저 사람 사랑도 저렇게 슬쩍 버릴 것 같아

20년 후

말없이 세상을 또 한 번 가르치셨네
이장할 때 우리 엄마는

세상이 다 그렇고 그렇다지만
사고로 어미 잃고 그늘 담벼락에 서서
울고 있는 우리 어린 육남매 눈물 가득한 머루 눈동자 속여 가며
그래! 나일론 수의 갈아입히고
잘했다 싶더냐?
썩을 놈들!

첫사랑

몸이 집이고 집이 짐이라더니
천 근 눈꺼풀 닫으니
깃털 영혼만 날린다

훠이 훠이
그리움만 남아

훠이 훠이
뼈다귀만 남은 내 초라한
천년 사랑아

제4부

산다는 것은

— 어려서부터 찰밥 싫어해 어머니가 대보름날도 따로
흰밥을 지어 주셨었지

나도 이제 나이 들며 입맛이 변하는지
그 싫던 짭조름 찰밥이 입에 쩍쩍 달라붙고
조구 대가리 깨물어 먹는
고소 비릿한 맛을 알게 되었네

식구들 다 출근시키고
입맛 없어
찬물에 밥 말아 한술 목구멍에 밀어 넣는데
갑자기 세상이 뿌옇게 흐려 온다

세상은 온통 주책바가지

갑을 전세계약서

손바닥만 한 아파트를 전세 놓고 계약서를 보니
내가 '갑' 이고 입주자가 '을' 이라 적혀 있네
언제 내가 '갑' 이었나 기억이 까마득해 온다

연애할 땐 내 비위 맞추던 남편이 '을' 이고 내가 '갑' 이었지만
결혼 후 어느샌가 까다로운 남편이 '갑' 이 되어 버렸고
이래도 흥 저래도 흥 아줌마 '을' 로 변해 버린 나

자식들 태어나면서 목에 감고 나온 전생의 탯줄
이젠 삭지 않는 동아줄로
내 목숨 옭아매고 있는 독과점 '갑' 이 되었고
자식에게는 영원히 '을' 이 될 수밖에 없는 이 어미 운명

젊어서는 잡티 하나 없던 얼굴을 '갑' 으로 알고 살았는데
어느새 아픈 허리가 내겐 '갑' 이 되어 버렸구나

내가 사는 이승이 '갑' 저승이 '을' 이었던 젊은 시간과 정산하고 나니

저승이 이승에게 빨리 '갑' 에 도장 찍으라 채근해댄다

도장 없어 기다려요 기다리라고 둘러대니

지장이라도 괜찮단다 그냥, 콱 찍어 달란다, 내 원 참!

세상은 공사 중!

1

이사 오던 날부터 시작된 집 앞 재개발 공사
몇날 며칠을 된장찌개 배어 있는 함바집 때려 부순다고
왕먼지 검뿌옇게 날려 댄다
오늘은 고릴라 이마 돌덩이 깨부순다고 돼지 멱따는 소리
기계음이 온 동네 고요를 꿀꺽꿀꺽 집어삼킨다

생각이 드는 나이가 될 때쯤부터
내 마음 한복판에도 지상 위에도 끝없는 공사가 현재 진행형이다

2

— 더 큰 집으로 이사할까?
아님, 집 허물고 새집을 지어 볼까?
남편 모르게 모아둔 잔돈푼
이자라도 받아 불려 볼까 조용한 방에 혼자 뒤돌아 앉아

침 발라 가며 세고 또 센다 돈, 돈을!

태어나면서부터 저승 차표 예매해 놓고 사는 우리들
훗날 저승 비행기 탑승 수속할 때
괴나리봇짐 한 개라도 등에 못 지고 가는 길

파랑새 꿈 준공식은 해도 완공식은 끝내 하지 못한다
여기저기 공사장 잔해만이 널브러져 있으니

세상 곳곳이 날마다 시끄러울 수밖에

바로 그날!

1

고등학생 때 선생님께 단체로 종아리를 맞던 그날
"에이 나쁜 놈들!" 한숨으로 내뱉는 선생님 말씀에
나는 비로소 그분 제자가 되었다네

밤새 열이 펄펄 끓어 보채는 아이 앞에서
나는 어미가 되어 있었고

2

효자 아들 며느리로 사는 친정 없는 나에게 말씀 갈쿠리로 여린 마음 썩썩 훑어 내리시던 시어머니 치매 등급 받고 요양원서 유치원 아이 되어 체조하던 동영상
눈물로 받아 본 그 날

비로소 나는 어머니에게 며느리 딸이 되었고

긴 요양 생활에 휠체어 생활을 하셨던 아버지 애벌수의 입히시던 그 아침에 굳어 버린 앙상한 다리 붙들

고 울던 그날
  나는 비로소 아버지에게 자식이 되었다

까스명수 그리움

배고픈 참에 얼려 놓은 인절미
몇 개 구워 조청에 찍어 먹네
빈속에 하나둘 집어넣으니
속을 불갈퀴로 훑어 내린다

어릴 때
간식이라는 게 뭐 있었나
미역 행상 할아버지가 쥐어 준 마른 미역귀에
단단히 탈이 났었지

내가 갑자기 자불자불 깔아지고
눈이 홀라당 뒤집어졌다네
아이가 축 처져 다 죽게 되니
엄마가 들쳐 업고 명륜 시장거리 미친 듯이 날뛰었다지
약국으로, 침쟁이 할아버지한테로

아직도 소화제를 달고 살지만

급한 마음에 또 너를 밀어 넣었나보다
내 마음 한편에 까스명수 활명수로도
내려가지 않는 미역귀보다 질긴

너를 향한 오랜 그리움이 아직도
턱! 버티고 있으니

산송장이 죽은 송장을 노래하다

동생이 삼사 수제비 잘 뜨는데 있다고 나오라네
주차타워에 차를 넣으려고 문 앞에 섰지
앞문 열리고 들어가니 그것이 뒷문이 되어
덜컹! 철문이 닫히네
사방 알루미늄 철판에 갇혀 있는 나
가스불만 올라오면 영락없는 화장막이다

어제 그제 그끄저께
엄마의 비명 같은 산통을 넘어
나? 겁도 없이 머리부터 이 세상에 내밀었다지
엄마의 다리 밑에 마중 나와 있던
외할머니와 아버지를 그렇게 처음 만났다지

내일 또 모레가 지나면
내 자식들 배웅 받고 마지막 목욕하고 누워 있는 나를
머리부터 화장막 불구덩이로 밀어 넣어 주면
저세상으로 또 한 번 머리를 디미는 것

뽀얗게 분칠하고 운전석에 앉아 있는
살아서 죽어 있는 산송장
한 번의 마중은 머리에서 마지막 배웅은 발밑에서
어차피 오십 보 백 보 혼자 가는 인생길인 것을

무서운 요리책
— 신혼 무렵 화려한 경력과 시아버지 자랑이 빼곡한 요리 선생의 책 한 권을 구입했는데

일기처럼 기록된 그 선생의 나날들
67년 3월 27일 손님 초대 메뉴는
민어밀쌈, 해파리냉채, 떡 등 그 시절 웬만한 사람들은 구경도 못했던, 듣도 보도 못한 무서운 음식들이 즐비했다

— 우연히도 67년 3월 27일은 내 생일 —
일찍 돌아가신 엄마는 가난한 내 아버지 탓에 늙은 가물치 한 마리 꿈도 못 꾸고 뜨끈한 미역국 맘 놓고 훌훌 마시지도 못했을 텐데……

그 뒤로는 왠지
가슴팍이 떡! 빠개지게 아파서
그 자랑스러운, 무서운 책을
한 번도 열어 보지 못했네

가을 피검사

떠나는 여름이 마지막까지 내 목덜미를 물고 늘어진다

“문지르지 말고 꾹! 누르세요”
작은 실린더에 피를 나눠 담는다
저 피 한 방울 한 방울에도
만병 DNA 내 죄목이 하나하나 밝혀지는 구나

정상 수치와 동떨어진 심각한 증상에
의사 조심 안 하면 큰일 난다!
협박을 하며 하느님 처방전을 내려준다

문득 오늘 가을이 내 마음 운명의 문을 노크한다
내 끈적한 핏속에 녹아드는
그리움의 수치가 치사량을 훌쩍 넘어선다

유노동 무임금의 나날들

— 23rd Anniversary에 부쳐

지지고 볶아 내며
살아온 이십여 년
짧고 긴 세월

수북했던 남편 대천문 머리칼
조금씩 조금씩 덜어 내며
말년 군인 갈매기 계급장
눈가에 작대기 몇 개만 그어 대면서

딸내미 개미 다리 비쩍 마른
팔을 걱정하던 그 시절 친정아버지
이젠 팔이 아닌 팔뚝을 자랑하고
내 눈을 의심하고 싶은
너무나 솔직해서 두려운 내 몸무게 저울

엄마가 시집올 땐
탤런트 같았다는 남편 말에

글쎄? 설마! 하는

아이들 영악한 표정

당신을 보았습니다

1

풀잎에 손을 씁!
베어 보기 전에는 몰랐습니다

오백 년 터줏목을 단숨에 쓰러뜨리는 태풍도
무서운 그 힘으로도 땅 위의 풀 한 포기 뽑아내지 못합니다

세상을 삼켜 버리는 태풍의 눈이
연약한 당신을 괴롭히고 못살게 굴어도
당신은 거친 땅에 실뿌리 내리고 세상을 향해 앙버티고 있네요
휘몰아치는 세찬 바람도 당신의 뿌리를 뽑아내지 못합니다

2

이제 알았습니다
늦은 봄날 아장아장 걸어 나오는 고사리 손에

힘없이 젖가슴 등짝을 내어줄지언정
태풍에도 눈보라에도 굴하지 않는 당신 모습을 보았습니다
지상의 어떤 힘으로도 당신을 쓰러뜨릴 수 없습니다

저, 가녀리게 흔들리는 풀잎 하나를

한 페이지 단행본

죽어 가는 대나무 앞에서 지는 꽃만 아픔인 줄 알았습니다.

가시덤불 온몸으로 헤쳐 나와도 바람은 상처가 없는 줄 알았습니다.

흐르는 눈물보다 말라 버린 눈물이 더 깊은 아픔이란 걸 말라 버린 눈물 속에서 비로소 알았습니다.

때로는 울음보다 웃음이 더 슬프다는 것을 이제는 깨달았습니다.

이별 앞에서 떠나는 것보다 살아남는 일이 더 고통스럽다는 것을 또 깨쳤습니다.

조용한 병실에서 밤이 새벽을 잉태하는 것을 보며 몸 아픈 당신과 마음 아픈 내가 많은 것을 내려놓아야 한다는 것을 생각하였습니다. 그날 밤 나는 백과사전만큼이나 두꺼웠던 내 작은 삶의 책장을 밤새 솎아 내며 한 페이지 단행본으로 완성하였습니다.

.

.

염라대왕도 무서워하는 그것

유난스러웠던 둘째아이 입덧 때도
연탄가스로 저승 문턱 밟고 있던 아버지도
돌아가신 어머니 동치미 한 그릇이면
뚝! 이었는데

미국 땅 그 사람 살리는 동치미가 어디 있겠나

수소문 끝에 얻은 국적 불명 동치미 한 보시기
신발장 앞에 서서 병째 국물 나발 불고
물렁거리는 무
손으로 꺼내 우적거리는데

눈물인지 국물인지
턱 밑으로 뚝뚝 떨어져 내리더라

십자가

저기 저 교회 철탑 위
가시면류관 십자가
빨간 네온 밑
새둥지 세 들어 있네

십자가 흉내 내고 사는
세상 허수아비
나,

행여 지친 저 나그네
내 어깨 내어 달랠까
가시덤불 겹겹이 지고 살았구나

어느 지게꾼의 소원

내 나이 스물한 살 때
마른하늘 날벼락으로
민들레 꽃 엄마를 떠나보냈지

그날 아버지 그 큰 밤하늘도
정신 잃고 동공 풀어져 땅으로 흘러내렸고
세상이 귀머거리가 되어 악악 소리를 질러 대도
아무것도 들리지 않았지

그 후로
내 눈동자 속으로 내생의 소나기 세차게 쏟아졌고
고목 같은 내생의 절구는 심장을
마구 내리찍고 또 찍어 댔었지

그래도 무심하게 시간은 흘러가고
내 아이들이 엄마 잃었을 그때
내 나이가 되었는데

지난 시간 쓰라린 그리움의 지게를

무겁게 지고 휘청휘청 걸어온 내 다리

너무 아파서

이젠 지게를 벗을까 하네

이젠 어머니마저 놓아 드릴까 하네

호적 파 버린다 하시더니

“내 눈에 흙이 들어가기 전엔 안 된다”고
엄포 놓던 부모님
끝내 자식 못 이기고

내 부모에게 마지막 선물
삽으로 뜬 흙 한 줌뿐이었지만

홧김에 호적 파 버린다는
헛된 메아리
자식 뒤통수에
닿지도 않는 힘없는 화살로 꽂혔더니

부모님 들고 있는 삽
수수깡 삽
자식 들고 있는 삽
차가운 얼음 삽

눈물로 녹아내리는
오늘 밤

제5부

골리앗 아줌마

화분 누런 떡잎이 눈에 거슬린다
꼭 내 흰머리만 같아 뽑아내려 하니
"조금 조금만 더!" 앙버틴다
아금박스레 세상 끈 놓질 않는다

인생 마라톤 고된 들숨날숨에
어느새 누렇게 시들어 가는 내 얼굴
"세상 그만!" 삶의 희망의 끈을 내려놓으라
보이지 않는 손이 나를 채근 또 채근한다

골리앗 세상과 맞선 나
또 다른 골리앗이 된다
뒤로 한발 물러서면 천 길 낭떠러지

오늘도 나는 저녁노을을 등에 지고
가느다란 팔다리로 허공바람 허적허적 가르면서
세상 외줄을 타고 있다

바리아시옹

1

레드와인 깊은 맛을 몰랐을 때는
화이트와인을 즐겼었고
겉절이의 고소한 맛을 모를 때에는
묵은지 시큼한 맛을 좋아했다

추석빔과 같이 깨물어 먹는 가을 맛 사과
한여름 밤 가슴에 묻은 엄마의 마지막 가르침으로
비로소 슬픈 맛이라는 것을 알았다

세상 사는 맛이 다 이런 건지는 모르겠지만

2

결혼 전에는 대머리 벗겨지고
오종종 키 작은 남자하고는 절대 못 산다고
입바른 소리 퉁퉁 해 대더니

오늘은 머리가 자꾸 빠진다고

투덜대는 남편에게
그래도, 멋있다고 최고라고
입술에 침도 안 바르고
잘도 설레발치고 있다

첫딸

쟁가리 이모 시집가 난산 끝에 첫딸 낳으니
딸 아홉에 첫 아들 낳았던 시어머니
광문 쇳대 채우고 나가 버리고
애 낳고 삼 일 연해 굶으니
흙도 밥으로 보였다 하더니

지옥에서의 한철

세 번의 교통사고와 손바닥 십여 바늘 꿰매는 사고, 사고
구정 때 가족 같은 두 분 하루 상관 장례 치르고
지독히도 덥던 여름날 친정아버지 소천하셨네
큰아이 급성 호흡곤란증으로 119구급차 안에서
내 가슴에 그 아이 묻을 뻔했네
지난 9개월 동안

며칠 후면 내 23주년 결혼기념일
"밖에서 외식하고 케이크 촛불은 집에서 끄자"는 큰딸 말에
"케이크는 무슨…… 내가 지금 촛불 끄게 생겼니? 말자, 말어!
내 한숨으로 어디 촛불 꺼지겠니?" 했더니
"엄만? 한숨이 어디야! 숨 쉴 수 있는 것만으로도 감사해야지"

라고 하며 작은 거인
곱고 사납게 톡! 쏘아붙인다

나는?

1

아버지 돌아가신 뒤
처음 맞는 어버이날

부모님 합장 모신 납골당 유리문에
카네이션 한 송이씩 붙이고
꺼이꺼이 속울음 흐느끼며 서 있네

염치없는 저 불효 딸년 좀 봐!

2

몇 달 만에 이사해 온
91년생 김석동
꼭 우리 큰딸 나쎄다
93년생 박소라
둘째딸보다 한 살 많네

덧니가 웃고 있는 사진 속 말금한 청년,

꽃고운 얼굴 못다 핀 애기 목련 앞에서
나는?
죄 많은 어미로 빙의되어 혼자 서 있네

당달봉사

오페라 가수가 꿈이었던 벙어리 그녀
중학생 때 사진작가를 꿈꾸던 앞 못 보는 청년

그녀만이 부를 수 있다
아직 세상에 탄생하지 않은 프리마돈나의 노래를
당달봉사 그는 우리가 보지 못할
길 잃은 아기별 그림자를 볼 수 있으리니

볼 수 있는 눈이 있고
말할 수 있는 입이 있고
잡을 수 있는 손이 있다면 우리는

작은 눈물방울 하나 제대로 보지 못하고
사랑한다 말 한마디 못한다
그늘진 곳에 손 내밀지도 못하는 어제와 오늘

우리는 그들에게
눈길 보낼 자격 없는 자들이다

요령잡이 봄

급하게 떠날 채비하는구나
지난여름에게 꾸어 온
장맛비마냥 세차게 후려친다
호된 죽비 소리에 후둑 후두둑
젖은 봄날이 간다

아파트 주차장에 세워 둔 내 자동차
비에 젖고 있는 벚꽃 잎들
화려한 열명길 수놓으려
바늘구멍만 한 마지막 숨결 놓아 버렸나

간밤 꿈에 뵌 외할머니
아주까리기름 발라 빗어 넘긴 쪽진 머리가
꽃상여 그늘에 얼비치는구나

모차르트의 수수께끼

인생은 되돌이표 없는 한 소절 악보

김장하는 여자

김장 열 번 하고 나니 10년 세월 달아나 버리고
스무 번 김장하니 내 인생
검불 되어 흩날리네

앞으로 몇 번 김장 더 하면
이 굴곡진 적막강산 넘어갈 수 있을까

미소가 미소에게

일곱 살 때쯤이었을 거야 콩나물 심부름 갔다가 구멍가게 주인아저씨 몰래 눈깔사탕 슬쩍 입에 넣었던 일, 아마 그때 방 씨 아저씨도 알고는 계셨겠지만
교복 입고 단발머리 찰랑거릴 때 선생님 매 눈 속여가며 커닝 페이퍼 신나게 돌렸었구

그뿐이겠어? 내가 미쳤었지 사춘기 시절 부모님께 눈알 부라리며 덤벼들어 귀퉁뱅이 세게 한 대 얻어맞기도 했고

신혼 시절 국그릇 날아가게 뒈지게 싸우곤 했지

부모 가슴에 녹슨 못 안 박아 본 처녀 자식이 어딨겠어?
"세상천지 나만 못 박았겠어?" 하고 스스로 생각해 보는데

미소야

밤이 깊었다
오그린 다리 펴고 그만 뒤척이고 자라
괜찮아! 인생은 그런 거야

쥐약 장수 박문수 아재비

새마을운동 그 시절 시골서 쥐약 장사로 갈쿠리 떼
돈 긁던 아저씨
고모 가게에 들어서면 세던 돈도 궁둥이에 깔고 앉아
딴청을 부리곤 하던 노랑이 고모부
그거 깔고 앉은 게 뭐유! 하면 아무것도 아니여!
아니라고 온몸으로 소리치던 그 고모부 아저씨

제 자식 육성회비도 주기 아까워 내던지다시피 하던
김제 땅이 모두 고모네 땅이라 소문 파다했지만
정작 고모는 땅이고 돈이고 뒤통수도 못 보고 살았
다지 뭐,

남의 말이라면 찰떡처럼 믿던 그 고모부
달달한 꼬임 말에 야금야금 사기당해 평생
넘 좋은 일만 시키더니
고희 넘겨 길거리로 내앉다시피 손 탈탈 털고 말았
다네

고모 방바닥 걸레질하며

"내가 솜방망이로 가슴을 찧고 죽고 죽고 싶다고"

이빨 빠진 고모부한테 포악을 해 대면 고모부는

"날마다 그렇게 닦아 대니 집구석에 돈이 붙냐? 안 붙는다 안 붙어!" 하고 길길이 뛰다 죽을 소리만 질러 대고 앉아 있었다는 그 얘기

남몰래 흘리는 눈물

싱인이 된 큰따님에게
엄마로서 인생 선배로서
몇 마디 조언 드리려 했는데
무슨 말에 비위가 왈칵 상했는지
큰소리 언쟁으로 변해 버렸네

오늘따라 속이 너무 상해
부엌 식탁에 앉아 언제 따 놓았는지 모르는
김빠진 와인 한 잔 홀짝이고 앉았는데
배꼽부터 꾸물꾸물 올라오는 노여움에 눈물이 나네

하나님 열심히 믿은 우리 엄마
가난한 노동일 하는 남편에 육 남매 키우며
도망갈 수도 없고 살 수도 없는 세월 속
울화통 터지는 일이 어디
한두 번뿐이었겠느냐마는

술 못하는 엄마가

부엌에서 쪼글트리고 앉아 상한 마음 달래려
아무도 모르게, 우리들 모르게 깡소주
몇 잔 들이키신 긴 밤은 없었을까

무인도를 위하여

동생 미영이,
새끼고 남편이고 다 싫으니
어디 빈 무덤
무인도 있으면 가르쳐 달란다

나도 속 시끄럽던 차에
"그런데 있으면 나 먼저 가르쳐 주라"
톡 쏘아붙였다

작품 해설

운명과 자유의지

김 재 홍

(문학평론가 · 경희대 명예교수)

"삶과 죽음의 길이 예 있으매 두려운데/ 나는 가노란 말도/ 못다 이르고 갔는가" 불현듯 월명사의 「제망매가祭亡妹歌」가 떠오른다. 천 년 전이나 지금이나 삶과 죽음이라는 화두는 여전히 풀리지 않은 채 우리 앞에 툭 던져져 있다. 그 문제를 풀어 나가는 방법은 제각각 다르겠지만 누구에게나 난제임은 틀림없다. 새내기 전미소 시인도 이 문제에서 자유로울 수 없는 모양이다. 제 나름의 방법으로 삶을 부둥켜안고 뒹구는 모습이 안타깝다. 등단한 지 얼마 안 되어 시집을 펴내는 시를 향한 치열성은 곧 치열하게 살아가는 그녀 삶을 대변하는 것이리라. 따라서 이를 격려하고 용기를 북돋아 주는 뜻에서 그녀의 시세계를 살펴보기로 한다.

1. 가난한 삶, 뿌리 없는 삶을 위하여

산다는 것, 살아 있다는 것은 무엇인가? 단순히 밥을 먹고 숨을 쉬고 아이를 낳고 생활하는 것을 의미하는 것일까? 물론 그것도 무시할 수 없는 중요한 부분이다. 아니 그것이 생의 가장 근간이라 해도 과언이 아니며 제대로 잘하려면 아주 힘든 일임에는 틀림없다. 우리 옛말에 "하루 세 번 굴뚝에 연기 나게 하는 일이 쉽지 않다."라는 말이 있다. 이것은 세끼 때를 거르지 않고 챙겨 먹기가 어렵다는 것을 단적으로 표현한 말일 것이다. 대부분 사람들은 이 의식주 문제를 풀기 위해 일생을 허우적대며 살아간다. 물질문명이 고도로 발달하고 경제 사정이 나아졌다고는 하나 여전히 우리 인간은 이 문제에 목줄이 매여 끌려가고 있다는 말이 되겠다. 가끔 집에서 키우는 개를 산책시키고 나서 묶어 놓으면 천방지방 뛰면서 발버둥치지만 결국 그 목줄, 밥줄, 즉 생명줄의 범위를 한 발자국도 벗어나지 못함을 보게 된다. 그런 것이다. 개나 소나 사람이나 모두가 다 목숨 가진 것들은 밥그릇에게 묶여 있는 신세, 그것 이상도 이하도 아니라는 생각이 들 때면 비감해지기까지 한다. 늙은이나 젊은이나 건강하거나 병들거나 고관대작 지위고하를 막론하고 약간의 차이는 있겠지만 모두가

다 그러할 것이라 해도 틀린 말은 아닐 것이다. 그녀의 시에서도 확연히 드러나고 있다.

주문한 쌀 한 포대 배달돼 오니
쌀통이 배불러 큰북을 치네

살 아리게 춥던 겨울의 가난
아버지 밀린 품삯 겨우 받아
큰맘 먹고 정부미 한 가마 연탄 백 장 들여오니
앞집 배불뚝이 사장 하나도 부럽지 않네

아버지 오늘따라 목소리에 힘줄 퉁기고
유난히 상냥해진 엄마 목소리
아버지 말씀에 맞장구치며 들떠 있네

연탄불에 금방 지어 낸 흰쌀밥에
여덟 식구 볼때기 미어지니
아버지 얼굴에 복사꽃 활짝 피네

—「정부미 한 가마, 연탄 백 장」 전문

쌀 한 포대, 연탄 백 장, 즉 밥 먹고 사는 일, 생존과 생활이 지금 시인의 가족형들에겐 신이고 하나님이다. 신앙이고 종교인 것이다. 그것 없이는 오늘이 없고 내일도 없다. 정부미 쌀 한 가마에 배부르고 연탄 백 장에 마냥 행복이 주어진다. 이 순간 무얼 더 바라고 소원하겠는가? 그 자체로 다 채워진 것이다. 사실 그렇지 아니한가? 여러 가지 미사여구로 치장을 하고 온갖 은유와 비유를 동원해 삶을 좀 더 고차원적이고 형이상학적으로 설명해 보려 하지만 결국 밥 한 그릇, 연탄 한 장을 더 구하기 위해 발버둥치는 것이 대부분 인간의 가장 절실하고 진실한 실존의 인간 조건이 아니겠는가? 의식주의 충족 없이 무슨 고상한 주의와 사상이 존재할 수 있겠는가? 시인은 인간 실존의 가장 기본적인 필요충분조건이 "연탄불에 금방 지어 낸 흰쌀밥" 임을 위의 시를 통해 인식하고 있다. 한 그릇의 밥과 연탄 한 장이 결국 생을 지탱해 주는 운명 조건이자 인간 조건이며 알파요, 오메가라는 사실을 깨달은 것이다. 혹자는 이 말에 대해 너무 현실주의적 또는 형이하학적인 말이라고 이의를 제기할지도 모른다. 그런데 그것은 배부르고 나서의 문제다. 모든 사물에 대한 형이상학적 인식 내지 접근은 금강산도 식후경 하고 나서 의미가 있는 것이다. 시인은 이른 나이에 목수이던 아버지와 그 아버지의 죽음으로 사람 사는 일이 얼마나 어려운지를 뼈저리게 인식했음이 분명하다. 살 아리게 춥던 겨울날 연탄 한 장의 참가치를 아는 것으로부터 시인의 생에 대한 모색이 시작되고 있다는 점에 주목해 볼 만하다. 이것은 시인의 시가 단순한 관념이나 허황된 요설이 아니라 현실과 생활 인생에 건강하게 뿌리를 내리고 있다는 사실을 의미한다. 곧 시인의 생에 대한 탐구는 결국 '시란 무엇이고 삶이란 또한 어떠해야 하는가' 라는 문제로 귀결된다.

2. 유년 회상과 과거적 상상력을 위하여

시인의 시에는 유독 유년 회상과 과거적 상상력에 근거한 시편들이 많이 눈에 뛴다. 아래 시편을 예로 들어 보자.

> 1
>
> 부모님 그 옛날 상경하실 때 보따리 보따리를 자식들처럼 이고 지고 오셨다지 서울역에 내리자마자 양복 입은 친절한 서울 신사가 다가왔다지 어머니 짐 무거워 보인다고 가장 크고 좋은 가방을 빨껑 들어 줬다지 물론 그 가방에는 시골 생활 정리한 종잣돈이 깊숙이 감춰져 있었다는데 그런데 그 친절했던 아저씨 아저씨는 가방을 들고 어딘가로 튀었고 돈 한 푼 없이 시작된 부모님 서울 생활이었다네 그 돈은 부모님 꿈이고 우리들 밥이고 쪽방 한 칸 얻을 생명줄이었는데
>
> 2
>
> 남편 월급 통장에 따박따박 찍혀도
> 아이 셋 데리고 힘들다고
> 입을 뚜대하고 사는데
>
> 어떻게 헤쳐 나오셨을까
> 그 가시덤불 인생을
> 어떻게 더듬어 헤쳐 나왔을까
> 그 칠흑 세상의 밤을
>
> —「친절한 아저씨」 전문

가난하고 부끄러울 수도 있는 어린 시절의 힘들었던 추억이 오히려 건강한 생의 자양분 역할을 해 왔으며 그것은 다시 과거적 상상력의 힘으로 작용하고 있다는 점이 눈여겨볼 만하다. 자칫 치부로 생각하고 숨기려 들거나 미화한 채 변질되어 나타나기 쉬운 어린 시절의 어두운 기억들을 시인은 오히려 건강한 시의 모티브이자 상상력의 원천으로 활용하고 있다.

일종의 자가치료 의식self-treatment을 통해 삶의 건강성과 활력을 충전시켜 나아가고 있는 셈이다. 스스로 상처와 절망을 치료하여 건강한 삶, 아름다운 삶을 살고자 하는 의지라고 볼 수 있겠다. 가난한 시절은 누구에게나 아픔과 상처를 동반하게 된다. 경우에 따라 약간의 차이는 있겠지만 열등감과 좌절, 상실감을 동반하기도 한다. 이것은 곧 좌절과 결핍으로 이어지고 그 결핍은 심한 경우 깊은 내상과 왜곡된 가치관, 굴절된 인생관으로 남아 여러 가지 성격 파탄, 인격 장애 등 생의 심각한 문제로 작용하기도 한다. 그러나 시인에겐 그러한 내상과 열등감의 흔적이 보이지 않는다. 건강하고 건전한 생의 인식을 근간으로 하여 현실을 직시하고 있다. 쓰리꾼에게 종잣돈을 다 털리고 밑천 한 푼 없이 시작한 서울 생활, 꿈과 밥을 모두 상실한 채 시작한 서울 살이, 그 어둠 속을 헤쳐 나오기란 '지옥에서의 한철' 과도 같았을 것이다. 그 시절을 무사히 견뎌내고 자녀들을 건강하게 키워 낸 부모님의 억척 같은 희생정신과 생명력이야말로 전미소 시인의 오늘을 만든 원천적 힘으로 판단된다. 지금 '남편 월급 따박따박 찍혀 있는 통장을 차지하고 아이 셋' 을 데리고 살아가고 있는 시적

화자로서 시인의 삶은 결코 공짜로 얻어진 것이 아니라는 뜻이다. 우리 시에 등장하는 빈곤 의식은 흔히 결핍의 상처가 되어 시인을 주눅 들게 하고 눈물짓게 하며, 건강치 못한 삶의 유전적 형질로 변모되어 시인의 부정적인 현실 인식과 생의 타락을 낳게 하는 경우가 대부분인데 전 시인의 경우 참으로 다행스럽게도 이러한 부정적인 요소를 극복하고 삶에 대한 더욱 긍정적인 가치관으로 살아갈 수 있게 한 점이 긍정적으로 평가된다. "힘들다고/ 입을 뚜대하고 사는데" 라고 하면서도 그 밑바닥에는 생에 대한 강한 긍정과 감사, 환희가 느껴지고 있다.

3. 갑을甲乙의 관계와 평등정신을 향하여

요즘 흔히들 사회현상 또는 모순과 부조리 현상을 지적할 때 '갑을 관계' 라는 용어를 많이 사용한다. 가진 자와 못 가진 자, 강자와 약자 등 갑과 을의 상관관계로 인간사와 세상사가 전개되어 간다는 뜻이 되겠다. 갑이었던 사람이 을로 변하기도 하고, 을이었던 사람이 갑자기 갑으로 변하기도 하는 요지경 세상을 살아가면서 갈등하고 화해하는 과정을 시인은 놓치지 않고 날카롭고 섬세하게 표현하고 있다. 그만큼 시인의 시적 지성이 돋보이는 풍경을 보여 주는 부분이라 하겠다. 영원한 갑도 없고 영원한 을도 없는 것이 세상사의 이치이지만 그중에 특히 부모는 자식 앞에서 영원한 '을' 일 수밖에 없다는 깨달음은 흥미 있게 다가온다. 죽었다 깨어나기 전에는 자식이 부모가 될 수 없고 부모가 자식이 될 수 없기 때문에 '독과점' 의 관계일 수밖에 없다고 말하면서도 운명에 순응하하는 유쾌 발랄한 시적 전환이 시를 읽는 재미를 더해 준다.

손바닥만 한 아파트를 전세 놓고 계약서를 보니
내가 '갑' 이고 입주자가 '을' 이라 적혀 있네
언제 내가 '갑' 이었나 기억이 까마득해 온다

연애할 땐 내 비위 맞추던 남편이 '을' 이고 내가 '갑' 이었지만
결혼 후 어느샌가 까다로운 남편이 '갑' 이 되어 버렸고
이래도 흥 저래도 흥 아줌마 '을' 로 변해 버린 나

자식들 태어나면서 목에 감고 나온 전생의 탯줄
이젠 삭지 않는 동아줄로
내 목숨 옭아매고 있는 독과점 '갑' 이 되었고
자식에게는 영원히 '을' 이 될 수밖에 없는 이 어미 운명

젊어서는 잡티 하나 없던 얼굴을 '갑' 으로 알고 살았는데
어느새 아픈 허리가 내겐 '갑' 이 되어 버렸구나
내가 사는 이승이 '갑' 저승이 '을' 이었던 젊은 시간과 정산하고 나니

저승이 이승에게 빨리 '갑' 에 도장 찍으라 채근해 댄다
도장 없어 기다려요 기다리라고 둘러대니

지장이라도 괜찮단다 그냥, 콱 찍어 달란다, 내 원 참!
—「갑을 전세계약서」 전문

그렇다. 시인은 작은 아파트 때문에 오늘의 '갑' 이 되었다. 가진 자가 된 것이다. 가진 자 갑에게는 자신이 가지고 있는 것이 별것 아닌 것처럼 느껴질지도 모르지만 못 가진 자 을에게는 거대한 권력의 산이 될 수 있다. 그래서 사람들은 악착같이 갑이 되려고 노력한다. 그러나 노력으로 얻어지지 않는 갑도 있다. 바로 '부모와 자식' 과의 관계다. 자식이 부모가 될 수 없으며 부모가 자식이 될 수 없기 때문에 시인의 말처럼 영원한 '독과점' 의 관계인 것이다. 그것을 제외하고는 대부분 변화의 가능성을 가진 관계가 곧 갑을의 관계라는 것을 시인은 인식하고 있다. 바로 삶의 평등 인식의 현현이다. 산다는 것은 바로 이들 변화하는 갑을의 관계 속에서 적절히 양보하고 서로를 조정하며 상생의 길, 평등의 길을 모색해 가는 과정이 아니겠는가?

또한 시인의 시에는 삶에 대한 지속적인 반성과 모색이 전개되고 있어 주위를 환기한다.

1
레드와인 깊은 맛을 몰랐을 때는
화이트와인을 즐겼었고
겉절이의 고소한 맛을 모를 때에는
묵은지 시큼한 맛을 좋아했다

추석빔과 같이 깨물어 먹는 가을 맛 사과
한여름 밤 가슴에 묻은 엄마의 마지막 가르침으로
비로소 슬픈 맛이라는 것을 알았다

세상 사는 맛이 다 이런 건지는 모르겠지만

2
결혼 전에는 대머리 벗겨지고
오종종 키 작은 남자하고는 절대 못 산다고
입바른 소리 퉁퉁 해 대더니

오늘은 머리가 자꾸 빠진다고
투덜대는 남편에게
그래도, 멋있다고 최고라고
입술에 침도 안 바르고
잘도 설레발치고 있다

—「바리아시옹」 전문

산다는 일은 자신과 타협하고 적당히 눈감아주며 스스로를 용납하는 일이라고 시인은 위의 시를 통해 강조하고 있는 듯하다. 밥 먹고 사는 것이 어려운 일이라는 것을 깨달았다는 뜻이 되겠다. 더불어 산다는 것, 더구나 남남이 만나 한가족으로 살아간다는 것, 그 자체도 결국 생존경쟁의 연속이기 때문에 서로 보이지 않는 밀고 당기는 갈등과 긴장 관계 속에서 살아간다고 보고 있다. 밥을 주는 사람이 결국 갑이고, 그가 주는 돈으로 찬거리를 사고 아이를 키우고 옷을 사 입고 집을 사고 하니 결국 시인 자신은 은연중에 을의 신세라는 것을 인정하고 있다. 부부라는 공생과 기생, 그리고 상생의 관계 속에서 예민하게 감지되는 갑과 을의 생존 전략, 생존 경쟁의 날카로운 밀당을 예리하게 포착하고 있는 점에서 시의 설득력이 제고됨은 물론이라 하겠다.

4. 주고받기의 삶과 가볍게 살기

삶이란 결국 주고받기다. 심지어 태어나고 죽는 일에서까지 혼자 할 수 없는 것이 우리 인생이다. 자식은 부모의 손을 빌려 태어나고, 부모는 자식의 손에 의지해 이 세상 삶을 이끌어 가고 마무리하게 된다.

1
부모님 눈 맞춤에
깃털처럼 가볍게
출생신고 했더니

어미 사망신고 달려와 내 손으로 했으니
나 죽으면 내 자식도
동사무소 와서 사망신고 하겠지

다 그렇게 주고받는 것
태어나고 죽는 거

제 맘대로 못하고
남의 손을 빌리는 거지

2
태어났다고 내가 걸어가
출생신고 하나 할 수 있나
아니면 나 죽어
나 죽었다고 느린 걸음으로 가서
내 손으로 사망신고를 할 수 있나

그저 부끄럽게 한세상 살다가
남의 손 빌려
미안하게 살다가 가는 것을

—「동사무소에 가면 누구나 한평생이 보인다」 전문

산다는 것은 결국 남의 손이 되어 주기도 하고, 남의 손을 빌리기도 하는 일이라 할 수 있다. 하나의 손바닥을 가지고는 아무리 해도 소리를 낼 수 없듯이 혼자서는 결코 살아갈 수 없는 것, 이것이 인간관계이고 세상 이치라 하겠다. 태어나는 일에서부터 시작하여 먹고, 배설하고 움직이고 걷고 배우고 하는 일련의 모든 행동들은 혼자서는 할 수 없는 일이다. 또 어떤가? 생로병사, 나이가 들고 점점 자라 감에 따라 교육을 받고 직업을 갖고 결혼하여 가정을 꾸리는 일에 이르기까지 인간은 부지불식간에 무수한 사람들의 도움을 받아야만 살아갈 수 있다. 게다가 죽는 일 또한 남의 손을 빌려야 한다. 인간은 결코 혼자서는 살아갈 수 없는 사회적 존재이자 인간의 삶은 사회학적 관계학을 형성하면서 전개되고 마무리된다는 사실을 의미한다. 그러고 보면 어느 한 사람 서로 빚지지 않은 사람이 없는 것이다. 너는 나에게 나는 너에게 서로가 상대적인 채권자이고 채무자, 즉 빚쟁이라는 뜻이다. 누가 잘나고, 누가 못나고의 문제가 아니라 오직 서로 다른 역할이 존재할 뿐이라는 평등의 생철학을 유추해 볼 수 있어 관심을 환기한다.

또한 시인은 부질없는 욕망과 탐욕을 줄이고 가볍게 사는 삶, 자유롭게 사는 삶의 참의미를 발견하고자 한다. 새는 먼 길을 가기 전에 몸을 가볍게 하기 위해 위장을 비운다고 한다. 가벼워야 멀리 날아갈 수 있기 때문이다. 사람도 마찬가지다. 탐욕과 욕망으로 가득 차 있으면 현 상태에 대한 집착이 생기고 주저앉게 되며 더 멀리에 있는 가벼운 삶, 자유로운 삶의 에센스를 놓치게 된다. 어떻게 사는 것이 과연 잘 사는 길일지는 아무도 모른다. 그러나 부질없는 욕망으로 인해 또 다른 보석을 얻을 기회를 놓쳐 버린다면 얼마나 안타깝겠는가? 시인은 소박하지만 가볍게 사는 삶에 대한 참가치를 깨달은 듯하다.

> 죽어 가는 대나무 앞에서 지는 꽃만 아픔인 줄 알았습니다.
>
> 가시덤불 온몸으로 헤쳐 나와도 바람은 상처가 없는 줄 알았습니다.

흐르는 눈물보다 말라 버린 눈물이 더 깊은 아픔이란 걸 말라 버린 눈물 속에서 비로소 알았습니다.

때로는 울음보다 웃음이 더 슬프다는 것을 이제는 깨달았습니다.

이별 앞에서 떠나는 것보다 살아남는 일이 더 고통스럽다는 것을 또 깨쳤습니다.

조용한 병실에서 밤이 새벽을 잉태하는 것을 보며 몸 아픈 당신과 마음 아픈 내가 많은 것을 내려놓아야 한다는 것을 생각하였습니다. 그날 밤 나는 백과사전만큼이나 두꺼웠던 내 작은 삶의 책장을 밤새 솎아 내며 한 페이지 단행본으로 완성하였습니다.

.

.

—「한 페이지 단행본」 전문

오늘날을 우리는 비디오 세상, 시각의 시대라고 말한다. 눈에 보이는 것을 중시하는 시대라는 것이다. "보기 좋은 떡이 맛도 있다."는 말이 진리처럼 여겨진다. 자연히 내면의 가치는 무시되고 겉으로 드러나는 가치에 집중한다는 뜻이다. 따라서 누구나 미남미녀가 되기 위해 성형수술을 감행하고 어디서나 선남선녀가 환영받는 사회가 돼 가고 있다. 내면의 아름다움보다는 외면의 아름다움이 중시되고, 그렇다 보니 노력하는 과정은 무시한 채 겉으로 드러나는 결과만 좋으면 옳다는 논리적 오류를 범하기 쉽다. 시인은 우리가 범하기 쉬운 이러한 논리적 오류를 지적하고 있다. 나의 아픔만 아픔이 아니라 타인의 아픔도 아픔이며, 상처가 없는 것 같아 보이는 사람에게도 상처가 있을 수 있다는 것을 지적하고 있다. 소박한 삶의 진실을 깨닫고 그것의 소중함을 인식하고 지키기 위해 노력하는 것이 무엇보다 값진 것임을 시인은 깨닫고 있는 것이다. 또한 "흐르는 것만이 눈물이 아니라 흐르지 않는 것도 눈물"이라는 것을 보는 시인의 미시안적 상상력은 시의 멋과 맛을 느끼게 해 준다. "조용한 병실에서 밤이 새벽을 잉태하는 것을 보며 몸 아픈 당신과 마음 아픈 내가 많은 것을 내려놓아야 한다는 것을 생각하였습니다." 내성의 시간을 갖는 시인의 자아 성찰이 주목을 환기한다.

4. 맺음말

전미소 시인의 시는 삶이란 무엇이고 결국 어떻게 사는 것이 보람 있고 가치 있게 사는 일인지에 대한 지속적인 성찰과 탐구를 잘 보여 준다는 점에서 인생론의 시이면서 존재론의 시로서 성격을 지닌다고 볼 수 있다. 또한 시인의 시는 유년 시절의 회상을 통해 가난하면서도 착하게 살려는 민초들의 끈질긴 생명력과 뿌리 없는 자, 약한 자들 삶의 고달픈 애환을 재치 있고 건강하게 표현한 가족사적 시의 성격을 지닌다고 보겠다. 인간의 삶과 역사를 지탱하고 이끌어 나가는 근원은 결국 이런 건강한 민중적 생명력이 아니겠는가? 가족사를 중심으로 하는 그녀의 무한한 유년의 기억들이 과거적 상상력 속에서 앞으로 어떻게 시의 모티브가 되어 시의 옷을 입게 될지 자못 기대가 되는 것도 이러한 맥락에서다. 평범한 일상사, 세속사 속에서 삶의 깊은 깨달음을 담보해 내는 시인의 시적 행보에 기대를 걸며 건투를 빈나.

시인 전미소

서울 출생

미국 워싱턴주 거주

동사무소에 가면 누구나 한평생이 보인다

지은이 | 전미소
펴낸이 | 김재돈
펴낸곳 | 도서출판 시와시학
1판1쇄 | 2014년 2월 15일
출판등록 | 2010년 8월 10일
등록번호 | 제2010-000036호
주소 | 서울 종로구 명륜동1가 42
전화 | 744-0110
FAX | 3672-2674
값 8,000원

ISBN 978-89-94889-66-5 03810